Direction de la publication : **Isabelle Jeuge-Maynart et Ghislaine Stora**
Direction éditoriale : **Agnès Busière**
Édition : **Marie Gazagne**
Lecture-correction : **Julie Mège**
Couverture et mise en page intérieure : **Maeva Lebegue**
Fabrication : **Geneviève Wittmann**

Crédits iconographiques : © Shutterstock.com
(sauf p.23, flèche p.63, 73 et 93)

ISBN 978-2-03-594851-9

Imprimé en Espagne par Unigraf SL
Dépôt légal : mars 2018
320423/01- 11036521 - février 2018

LES MINI LAROUSSE

50 bonnes raisons d'être BORDÉLIQUE

Frédérique
Corre Montagu

LAROUSSE
21 rue du Montparnasse 75283 Paris Cedex 06

Sommaire

raison 1

On dort bien

Le sommeil, c'est vital pour être en forme physiquement et psychologiquement. Bonne nouvelle : c'est dans votre programme interne !

Matinée normale chez Mr & Mrs Perfect

Levés à six heures du matin pour avoir le temps de se laver, de faire le shampoing et le brushing, de se maquiller, de s'habiller et de manger avant que tout le monde se lève. Puis, une fois les petits déjeuners pris, ils aident les enfants à se préparer, font les lits, nettoient la cuisine et programment une lessive pour le soir, avant de jeter un ultime coup d'œil aux petits pour voir s'ils sont bien peignés et s'ils se sont bien lavé les dents.

Matinée chez vous

Vous vous levez le plus tard possible, douche express, coiffage avec les doigts, enfilage de ce qui vous tombe sous la main (avec une tartine beurrée dans l'autre !) pendant que les enfants se débrouillent tout seul. Hop ! Un café avalé à la va-vite en cherchant les clés pour fermer la maison, et vous partez sans vous regarder dans la glace. De toute façon, vous vous maquillerez dans le bus, comme d'habitude !

Soirée normale chez Mr & Mrs Perfect

Ouf, tout le monde est couché ! C'est le moment idéal pour faire la vaisselle, ranger le salon, repasser le linge, trier les papiers, préparer le repas du lendemain soir, vérifier que les cartables ou les sacs de sport sont prêts et complets, sortir les tenues de tout le monde, préparer la table du petit déjeuner, jeter un coup d'œil sur les comptes... S'ils arrivent à se coucher à 1 heure du matin, ils auront de la chance !

Soirée normale chez vous

Ouf, tout le monde est couché ! Vous somnolez devant la télé avant d'aller au lit, car vous sentez que le beau Morphée va bientôt passer et vous ne voudriez pas le rater.

Conclusion de cette étude sociologique

Quelques bonnes heures de sommeil en plus pour vous !

raison **2**

On dope ses neurones

Le bordélique est toujours à la recherche d'un objet. Alors, il se concentre, il réfléchit pour le débusquer dans les endroits les plus improbables, et ce faisant, il fait marcher ses cellules grises !

Scénario de type A

« Où ai-je bien pu poser mes lunettes, cette fois ? Je les avais forcément sur le nez devant la télévision. Donc je les ai enlevées après... Pour faire la vaisselle ? Non, rien sur le plan de travail. Pour trier le linge ? Ah oui, les voilà sur l'étagère des produits à lessive ! »

Scénario de type B

« Mais où est cette satanée liste de courses ? Pourtant, je l'ai prise ! Pas dans mon sac... Pas dans ma poche de pantalon... Pas sur le siège de la voiture... Bon, comme d'hab, il va falloir improviser ! Alors, en premier, il y avait du café, puis des yaourts, puis... »

À vous de jouer !

Les trucs que je perds tout le temps	Mes dernières planques en date
Mes lunettes	(Près de la caisse à outils) …………………… ……………………
Mes clés	(Au fond de mon sac) …………………… ……………………
Ma carte de... (crédit, transport, etc.) …………………… ……………………	(Dans l'étui de mon téléphone portable) …………………… ……………………
…………………… ……………………	…………………… ……………………

raison 3

On fait du sport

Après avoir enjambé un tas de chaussures et de vestes dans l'entrée, vous devez slalomer entre des piles de magazines pour accéder à la cuisine, soulever la panière à linge remplie de tout sauf de linge pour dégager la porte des toilettes... Un vrai parcours de santé !

Votre âme sœur chez les sportifs :
La joueuse de tennis **Marion Bartoli** qui, dans sa jeunesse, a su tirer parti du bazar entassé dans la salle où elle s'entraînait. Il paraît qu'elle utilisait des cônes de chantier, des élastiques, une canne à pêche télescopique... pour travailler sa force et sa précision !

Variantes pour vous maintenir en forme :
• **renforcement des mollets** : sautez à cloche-pied d'une chaussette sale à une autre ;
• **travail des épaules** : lancez les chaussettes sales dans la panière à 3 mètres de distance ;
• **et, à défaut de partir aux sports d'hiver** : faites de la luge en glissant sur une serviette mouillée.

Le résultat des courses !

Disciplines	Scores
Saut à cloche-pied	Hauteur : …………………… Longueur : ……………………
Luge d'intérieur / glissade	Distance parcourue : ……………………………………
Poids maximum poussé au sol	……………………………………
Poids maximum soulevé du sol	……………………………………
Lancer de chaussettes	Distance parcourue : ……………………………………
……………………………………	……………………………………
……………………………………	……………………………………
……………………………………	……………………………………

raison 4

On a des sens surpuissants

La science en a rêvé, vous l'avez fait ! L'homme bionique 100 % naturel, c'est vous !

Capable de distinguer le linge sale de l'à-peu-près propre en un regard, de savoir d'un coup de langue si un yaourt périmé est comestible, de reconnaître du bout des orteils un intrus au fond du lit (chaussette ?), vous êtes la merveille du règne animal.

Vos totems :

- **Les rapaces** (vue perçante) ;
- **Les éléphants** (odorat surpuissant) ;
- **Les chats** (toucher ultra développé) ;
- **Les chevaux** (goût incroyable qui les empêche notamment de boire de l'eau impure).

Votre âme sœur :

Le philosophe et historien **Michel Serres**, qui affirme : « C'est par nos cinq sens que nous sommes en relation avec les autres et le monde ».

On s'économise

Mal de dos, torticolis, douleurs dans les poignets, les épaules, les jambes, les bras…

Et dans les pires des cas : tendinite au poignet, *tennis elbow*, sciatique, disques intervertébraux écrabouillés, syndrome de Raynaud – coloration blanche des doigts due à la fermeture des vaisseaux sanguins superficiels provoquée par les vibrations (de l'aspirateur ?) ou par le porté de charges trop lourdes… Bref :

Ranger et faire le ménage sont dangereux pour le corps !

C'est tellement vrai qu'on trouve sur Internet des tonnes de conseils pour ne pas se faire mal quand on se transforme en tornade blanche : étirements avant, bonnes positions pendant, étirements après. Pfffff… quelle perte de temps et d'énergie !

Vous, vous avez trouvé la solution depuis longtemps pour vous économiser et ne pas vieillir prématurément : **ne rien faire !**

raison 6

On sait résister au stress

À force d'avoir de grosses frayeurs et de subir des décharges d'adrénaline parce que vous ne retrouvez plus ci ou ça, vous avez atteint le niveau de résistance au stress de maître Yoda !

Des méthodes antistress, tu appliqueras !

Sans vous en rendre compte, vous appliquez tous les conseils antistress :

• **La respiration.** Vous respirez profondément pour faire baisser votre tension.

• **La pensée positive.** Vous vous dites des paroles réconfortantes : « T'inquiète, tu vas bien finir par le retrouver. » ; « Ce n'est pas si grave que ça ».

• **La méditation.** Vous faites le vide dans votre tête ou vous faites autre chose pour laisser la possibilité à une idée géniale de germer.

• **La création d'une bulle protectrice.** Vous évitez les gens stressants (par exemple, votre mère) qui, à peine arrivés, scannent tout de leur regard d'acier et commencent à tout ranger.

★ TOP 9 ★
de la gestion des situations les plus stressantes

1. « Où est le diamant que mémé m'a légué ? »

2. « Mais où on est mon passeport ? » (4 heures avant de partir en vacances aux États-Unis).

3. « Bon... ma mère débarque dans 1 heure ! »

4. « Horreur, j'ai laissé mon téléphone sur le toit de ma voiture en partant ce matin. »

5. « Chériiiiiiiiii, où est la télécommande ? *Game of Thrones* commence ! »

6. « Je vous le jure, monsieur le contrôleur, j'ai un ticket de métro, mais je ne sais plus où je l'ai mis... »

7. « Quelqu'un a vu ma boîte de trucs à ne surtout pas perdre ? »

8. « Flûte, j'ai oublié tous mes moyens de paiement chez moi ! » (au moment de payer à la caisse du supermarché, le caddy plein).

9. « Oups ! » quand, chez le podologue, on se rend compte qu'on a deux chaussettes dépareillées... dont l'une trouée !

raison 7

On a une santé de fer

Point de teint de cadavre, d'épaules voûtées, d'yeux injectés de sang, de cernes de panda et de cheveux plats à l'horizon. Vous respirez la santé et vous en êtes fier !

Aucun terrain allergique en vue

Vous vivez dans la poussière depuis si longtemps que ce n'est pas une petite armée d'acariens, quelques taches de moisissures (bon, d'accord, la moitié du mur) ou un petit nuage de pollen qui vont vous gâcher la vie !

Burn out ? Zéro risque

Grâce à votre capacité à maintenir le stress et les gens stressants à distance, vous ne risquez pas le burn out ni même ses symptômes avant-coureurs : épuisement, grande émotivité, asthme, palpitations, prise ou perte de poids, baisse de la libido, insomnies, pertes de mémoire...

Un système immunitaire de guerrier !

Le catalogue des produits périmés que vous pouvez avaler ou vous tartiner sur la peau est infini. De toute façon, vous n'avez que ça sous la main et… ah bon ? Il y a une date limite ? On ne peut pas les garder à vie ? »

Vos produits dopants

- Des **yaourts périmés** depuis 15 jours et du **fromage** qui « vieillit » en bas du frigo depuis plusieurs mois.
- Des pots d'**épices** qui traînent dans votre placard depuis votre dernier déménagement (en 2006) et dont l'odeur fait davantage penser à un grenier qu'aux Antilles.
- Des **cosmétiques** achetés pour votre mariage il y a cinq ans et de la **crème solaire** que vous utilisez depuis au moins trois étés.
- Des cachets de **vitamines** tachetés de noir à force d'avoir attendu et des **chewing-gums** immangeables tant ils ont durci.

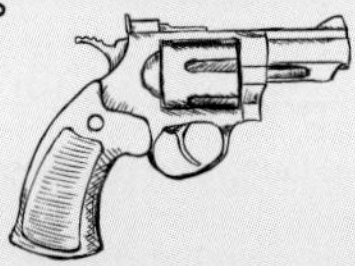

raison 8

On est un génie

Les personnes bordéliques sont intelligentes et audacieuses. C'est prouvé scientifiquement !

Ce que dit la science

• **Preuve scientifique 1.** Lors d'une étude menée en 2013 sur le processus de création, des chercheurs de l'**Université du Minnesota** ont observé que « les participants placés dans des salles désordonnées se sont montrés plus créatifs que ceux qui avaient été placés dans des bureaux parfaitement rangés ».

• **Preuve scientifique 2.** D'après la psychologue et chercheuse **Kathleen Vohs**, un environnement en désordre semble inspirer « le désir de briser les règles et de sortir de la boîte et des traditions. Ceci produit évidemment de nouvelles idées et points de vue. »

À apprendre par ♥ !

« Si un bureau en désordre dénote un esprit désordonné, que dire alors d'un bureau vide ? »

Albert Einstein

★ TOP 5 ★
des génies célèbres et bordéliques

1. Albert Einstein
2. Winston Churchill
3. Franklin Roosevelt
4. J.K. Rowling (l'auteure d'*Harry Potter*)
5. Roald Dahl (l'auteur de *Charlie et la chocolaterie*)

Les autres indices de votre grande intelligence

• Vous aimez le sexe.
Suite à une étude de marché très sérieuse menée pour son compte auprès d'étudiants anglais en 2013, le fabricant de sex-toys *Lovehoney* affirme que ses plus gros clients fréquentent les universités les plus prestigieuses de Grande-Bretagne.

• Vous aimez boire.
Deux études récentes, l'une menée outre-Manche et l'autre outre-Atlantique, ont montré que les gens intelligents boivent plus d'alcool que la normale.

raison 9

On vit le grand amour !

Vous repoussez ce grand moment le plus longtemps possible… mais quand vous finissez par ouvrir les portes de votre *home sweet home* à quelqu'un qui vous plaît, vous avez beau être d'un naturel optimiste, vous stressez un peu : ça passe ou ça casse !

Mise en situation

En pensant au canapé englouti sous les livres et les vêtements, le tas de vaisselle sale qui attend la visite de Mary Poppins depuis des semaines et le lit défait qui a connu des draps meilleurs, vous savez qu'est arrivé le moment du test suprême.

Les choses à dire pour l'amadouer

À moins que l'élu(e) de votre cœur soit très myope, il va falloir qu'il(elle) soit très amoureux(se) pour ne pas voir votre bazar. Ce que vous pouvez lui dire :

1. « Je sors d'une grave dépression à laquelle tu viens miraculeusement de mettre fin. »

2. « Ah zut, ma femme de ménage m'a posé un lapin. Elle a dû faire des heures sup' dans la propriété de mes parents. »

3. « Je m'apprêtais à donner tout ça à une association caritative quand je me suis aperçu que je n'avais pas de sac assez grand. »

4. « Bon, ok, je ne suis pas très ordonné, mais je suis un grand artiste/génie incompris de la société. »

Les signes qui montrent qu'il (elle) vous adore

♡ Il(elle) pousse le bazar sur le canapé avant de vous y attirer avec un petit air coquin.

♡ Il(elle) fait la vaisselle sans râler ou mieux, il(elle) en rajoute sur la pile !

♡ Il(elle) ne frémit pas d'horreur en se glissant dans vos draps qui n'ont pas vu une machine depuis quelques temps.

♡ Il(elle) marche pieds nus sur un tas de miettes sans sourciller.

Vous avez coché tous les petits cœurs ?
Félicitations, vous pouvez roucouler en paix !

raison 10

On décourage les cambrioleurs

Les chiffres font peur. D'après un article du 10 août 2017 sur lefigaro.fr, « le nombre de logements "visités" en France a augmenté de 4 % en 12 mois pour atteindre les 247 394 cas, soit une effraction en moyenne toutes les 2 minutes ».

Les solutions qui coûtent cher

Certains n'osent plus partir en vacances et d'autres se ruinent en petits panneaux (« Attention, chien méchant », « Attention, terrain miné » ou « Danger de mort »...), **porte blindée**, détecteurs de mouvements, barreaux aux fenêtres, sirène tonitruante, **caméras** de vidéosurveillance, ligne directe avec la gendarmerie... Bref, tout un attirail qui coûte plus cher que ce que, au final, on risque de se faire voler.

La parade gratuite et 100 % efficace !

Ne rien ranger ou « ranger » dans les endroits les plus improbables est un art que les bordéliques maîtrisent parfaitement. **Chez vous**, la porte ou les fenêtres s'ouvrent peut-être toutes seules, mais ce n'est pas grave, car c'est après que ça se complique. Les « Pique-tout » vont devoir se frayer un passage au milieu de tout ce qui traîne par terre sans rien faire tomber, ni se vautrer ou se blesser. S'ils y parviennent, ils leur faudra ensuite trouver ce qu'ils sont venus chercher : bijoux, argent, appareils photos, ordinateurs, tablettes...

Et là, sans vouloir vous envoyer des fleurs, c'est **mission impossible** : comment deviner que votre carte bleue a atterri dans la boîte de vos nouvelles chaussures, que votre gourmette de communion est cachée en bas du frigo sous une salade fripée et que votre ordinateur portable s'est glissé entre un tas de vêtements et la litière du chat ?

Sachant qu'un cambriolage dure en moyenne 10 minutes, vous pouvez partir le cœur léger. Aucun risque qu'on vous vole quoi que ce soit !

raison 11

On est héroïque

Vous pouvez être bordélique, paresseux et tout le reste, vous n'êtes pas pour autant une lavette !

Rien ne vous fait fléchir. Ni votre conjoint(e), ni votre patron, ni votre mère. Non seulement vous ne cédez pas aux diktats du moment ni aux prêtresses de l'ordre et du rangement, mais, quand il s'agit de défendre votre pré carré (votre bordel), vous vous redressez et vous maniez l'épée avec la fougue d'un Jon Snow au milieu des marcheurs blancs.
Le bordel est votre raison de vivre et vous restez fidèle à votre devise :

Etiam si omnes, ego non.
Tous peut-être, mais pas moi.

Rien ne vous fait défaillir. Vous êtes irréductible et incorruptible. S'il n'en reste qu'un, ce sera vous, debout dans votre champ de bataille au milieu de paquets de gâteaux éventrés, d'ossements de poulet et de couverts sanguinolents de sauce tomate.

On repousse les limites de la paresse

« Il n'est pas toujours nécessaire de travailler… il y a cette autre qualité qui est maintenant terriblement négligée et que l'on doit cultiver : la paresse sacrée. »

George Mac Donald,
écrivain ayant notamment inspiré
Lewis Caroll et J.R.R. Tolkien.

Sans que vous soyez un auteur de génie, on peut dire que vous la cultivez, cette paresse sacrée : Ranger ? Repasser ? Trier ? Jeter ? Plus tard ! Vous la cultivez tellement, **que vous la transcendez, la sublimez**… et que vous vous étonnez parfois vous-même : préparer les vacances ? Plus tard ! Euh, quoique…

Et comme ce livre vous donne plein de bonnes raisons de continuer, ce n'est pas près de s'arrêter !

raison 13

On a beaucoup d'humour

Vous l'avez compris depuis longtemps : l'heure n'est pas aux bordéliques.

Tout petit déjà, quand votre mère, pourtant d'une patience infinie (la sainte femme !) s'énervait de voir votre chambre en bazar, vous lui rétorquiez d'un air innocent : « Maman, j'avais rangé, mais le bébé chat est venu se cacher au fond de l'armoire et j'ai dû tout enlever pour le retrouver ! » Depuis, vous n'avez fait que vous améliorer et avez étoffé votre catalogue de bonnes excuses que vous ressortez avec un grand sourire.

C'est par amour

• « Désolée, chérie, je n'ai pas eu le temps de ranger parce que je cherchais où je pouvais t'emmener pour fêter nos 10 ans de **mariage**. Tu préfères quoi ? New York ou Venise ? »
• « Excusez le bazar, mes **enfants** se créent des souvenirs. »

Des forces surnaturelles sont contre vous

• « Je voulais aller à la déchetterie, mais je n'arrive pas à remettre la main sur la vignette qui permet d'y accéder. »
• « Mon **elfe de maison** refuse de me servir depuis qu'il a découvert que je ne suis pas Harry Potter. »
• « J'aimerais bien ranger, mais tant que j'ai des enfants, ça ne sert à rien. »

★ TOP 3 ★
des raisons de santé!

1. « J'ai la **vue** qui baisse en ce moment. Il faut que je prenne rendez-vous chez l'ophtalmo. Tu voudras bien venir choisir mes lunettes avec moi ? Tu as si bon goût... »

2. « Mes parents m'ont mis trop de pression quand j'étais petit. Résultat, je souffre de **phobie ménagère**. »

3. « Oui, je suis bordélique, maman. Mais au moins, je ne me drogue pas ! »

raison 14

La Silicon Valley nous envie

Beaucoup d'éminents chercheurs et spécialistes veulent créer ce que vous avez naturellement : une capacité au désordre qui compense l'ordre et la rigueur nécessaires à toute société.

L'algorithme des machines intelligentes

Même dans les secteurs les plus rigoureux et high-tech, des scientifiques essaient de mettre au point des algorithmes pour **créer du hasard** et se rapprocher de la réalité. C'est ce qu'on appelle la *Fuzzy Logic* ou **Logique Floue**.

Ce concept a été inventé dans les années soixante par un chercheur de l'université de Californie qui voulait faire comprendre aux ordinateurs le langage naturel de l'homme dans toutes ses variantes et sa complexité.

On l'utilise désormais dans de nombreux domaines : le **graphisme**, les **jeux vidéo**, la **médecine** (les tensiomètres) et l'**électroménager** avec des appareils intelligents capables de s'adapter aux circonstances, comme certaines machines à laver ou appareils de cuisson.

L'exemple du roi David

David Bowie a lui-même créé la première application qui insufflait du bordel dans son processus créatif. Ce programme, nommé le **Verbasizer**, lui permettait de déstructurer ses textes et d'en créer de nouveaux. Pour cela, il divisait une phrase simple en plusieurs colonnes. Puis, lorsqu'il avait décomposé suffisamment de phrases, il prenait des mots au hasard pour en créer de nouvelles. Il obtenait ainsi, comme il l'explique dans une interview visible sur Internet, un « kaléidoscope de sens, de thèmes, de noms et de verbes, qui se percutent les uns les autres ».

Une question d'équilibre !

Dans le dossier de présentation de l'exposition *Les Maîtres du désordre* au Quai Branly en 2012, la conservatrice Nanette Jacomijn Snoep écrivait : « L'ordre n'est jamais sans désordre. »

raison 15

On pense « globalement »

La pensée globale… Les experts n'ont plus que ce mot à la bouche. Une qualité rare, un atout précieux dont vous êtes naturellement doté.

La pensée globale, quèsaco ?

Pour comprendre le monde et faire face à ses défis, il faut être capable de prendre en compte mille et un facteurs différents, de voir toutes les composantes d'un seul problème en même temps. Selon les experts, c'est l'avenir du monde et de l'entreprise, au point qu'il existe des formations pour ça, car obnubilés par le détail x et le détail y, les gens ne voient pas les phénomènes dans leur ensemble.

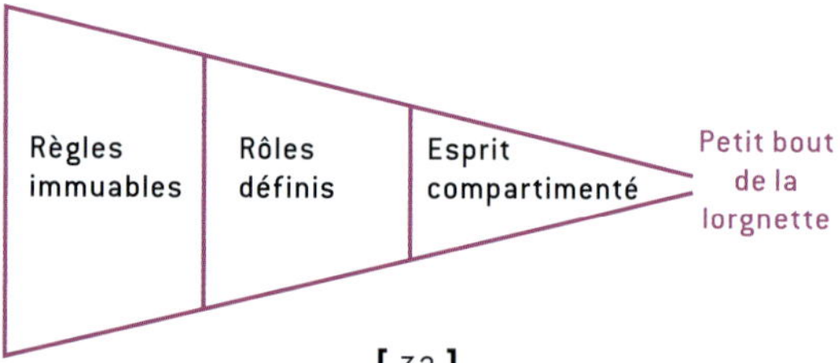

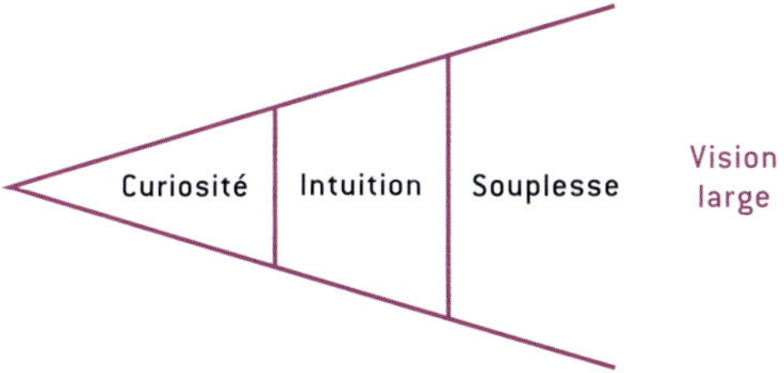

Vous avez de la chance !
C'est sans doute une question d'hémisphères gauche et droit du cerveau (voir la raison 37 pages 68-69 pour plus de détails). Et c'est vrai ! Les bordéliques se fichent des détails, des protocoles, des méthodes. Ils sont suffisamment **souples** et ouverts d'esprit pour avoir une vision d'ensemble et aller à l'essentiel.

Autres indicateurs de votre pensée globale
• **Vous détestez lire les modes d'emploi**. Vous préférez y aller à l'instinct quitte à vous y reprendre à cinq fois pour monter une étagère.
• Quand vous vous rendez dans un endroit inconnu, vous ne repérez pas les lieux en amont sur une carte et vous n'allumez surtout pas le **GPS** !

raison 16

On n'est pas un parent stressant

Quand on naît bordélique, on connaît d'instinct une grande vérité : imposer l'ordre aux autres est une cause perdue d'avance. Alors à quoi bon forcer le petit dernier à ranger sa chambre si vous savez que, dès le lendemain, ce sera de nouveau un terrain miné ?

La vie, un long fleuve tranquille

• Pas d'ordres péremptoires, pas de cris, pas de lamentations, pas de menaces, pas de chantage. Vous imaginez tout le stress en moins ? À une époque où le burn out touche même les enfants, c'est important !

• De plus, **vous ne les faites pas souffrir inutilement !** En effet, des chercheurs de l'université de Yale ont montré que, quand on se débarrasse des objets qui nous entourent, on stimule la zone associée à la douleur dans notre cerveau. Ah, quand même ! Et bien sûr, c'est encore pire quand on est obligé de jeter ou de donner ses affaires !

CAUSES DU STRESS CHEZ LES ENFANTS

Échantillon d'étude : le cas du

« RANGE TA CHAMBRE »

- Les petits **stress** quotidiens : « Range ta chambre ! »
- L'omniprésence de la **performance** : « C'est de nouveau le bazar : range ta chambre. »
- Les problèmes familiaux et la **culpabilité** : « Si tu ne ranges pas ta chambre, ton père va encore me reprocher de ne pas bien t'élever. »
- La relation et la **comparaison** aux autres : « Théo, lui, il range sa chambre ! »
- La **rumination mentale** : « On va encore me demander de ranger ma chambre ! »

À apprendre par ♥ !

« Ce qui vaut pour les enfants, vaut aussi pour les adultes. »

VOTRE CONJOINT

raison 17

On partage de bons moments

Comme vous avez renoncé depuis longtemps à la perfection, vous ne vous donnez pas de travail inutile avec les enfants et vous partagez avec eux un temps de qualité.

Point de tenues complètes, sophistiquées et différentes chaque jour, de coiffures compliquées à faire le matin ou de grand tri et grand vide à chaque poussée de croissance…
Vous, vous êtes cool. Et comme vous êtes cool, vous n'êtes jamais trop occupé pour jouer avec vos enfants, les amener au parc, aller au cinéma, les initier aux rollers. **Bref, les regarder découvrir, s'émerveiller, grandir !**

Au moins, quand ils quitteront la maison, vous ne direz pas comme la plupart des parents :
« C'est passé trop vite ! On n'a rien vu. »
Avec tous les regrets et la dépression que cela engendre…

On est soi-même un grand enfant

D'après les spécialistes, car il y en a sur le sujet, les enfants sont naturellement bordéliques de 0 à 6 ans. En conclusion, si vous êtes encore bordélique à 25, 35, 55 ans et au-delà, c'est qu'au fond de vous, vous est resté un grand enfant !

Vous êtes resté un grand enfant car :

- Vous passez d'un truc à l'autre même si vous n'avez pas terminé ce que vous faisiez avant.
- Vous déléguez ce que vous ne savez pas (ou ne voulez pas) faire à des personnes plus expérimentées (les fans de rangement...) !
- Vous aimez rester planté à rêvasser, le nez au vent et les yeux dans le vague.

Le bordel = jeunesse éternelle !

Au placard le sport, le Botox® et les crèmes à effet liftant ! Restez comme vous êtes !

raison 19

On s'affranchit de sa mère

Votre mère était très organisée, mais à force de la voir à deux doigts de craquer de fatigue ou de stress, vous vous êtes promis de prendre le contre-pied malgré tout l'amour que vous lui portez. On peut dire que c'est un succès !

Quand votre mère était petite

Maman, votre chère maman : fille d'un père expert-comptable et d'une mère gérante d'hôtel née à la date prévue, selon le scénario prévu.

- **À 12 mois**, elle classait ses peluches.
- **À 18 mois**, elle rangeait ses jouets dans des boîtes attitrées.
- **À 2 ans,** elle faisait son lit tous les matins avant de partir chez sa nourrice sans qu'on ait à le lui demander.

L'ordre, l'organisation, le rangement, elle avait ça dans le sang.

Quand votre mère est devenue votre maman

Plus tard, elle a continué sur sa lancée. Tout devait être impeccable, net, bien rangé... Elle criait **« À taaaable »** tous les soirs à la même heure et achetait tous les cadeaux de Noël bien à l'avance. Pression maximale.

Vous brisez les conventions et osez vous laisser vivre !

- **Le ménage n'est pas encore fait ?** Et alors, en attendant, ça fait un joli bruit quand on marche par terre ou quand on s'assoit sur le canapé.
- **Il n'y a plus de verres propres ?** Tant pis, des pots à confiture (propres, eux) feront l'affaire.
- **Vous êtes en retard pour amener les enfants à l'école ?** Coincez votre bas de pyjama dans des chaussettes, enfilez des bottes, mettez un grand manteau et des lunettes de soleil : c'est parti !

raison 20

On fait honneur à ses ancêtres

Maintenant que l'histoire est réglée avec votre mère, tournons-nous vers vos augustes ancêtres pour voir d'où vous vient ce gène du bordel que vous portez avec tant de fierté.

C'est de famille

✓ Votre grand-mère enfouissait tellement de choses dans ses placards qu'elle ne retrouvait jamais rien.
✓ Votre grand-oncle collectionnait tout et n'importe quoi et, comme Picasso, il achetait une nouvelle maison quand la précédente était pleine à craquer.
✓ Votre tante n'invite plus personne parce qu'on ne peut plus mettre un pied devant l'autre dans son appartement.

Les gènes de l'ordre et du désordre

Personne n'a encore réussi à trouver le gène du bordel... **Et s'il vous manquait le gène de l'ordre qui, lui, semble exister ?** Comme l'expliquait, en 1987, le psychologue américain David Elkind, dans le magazine *Psychology Today* : « Différentes études ont montré d'étranges similarités entre deux vrais jumeaux séparés à la naissance et élevés dans des familles complètement différentes. Dans les deux cas, ils étaient tous les deux obsédés par l'ordre et la propreté alors que l'un avait été élevé chez des souillons et l'autre chez des maniaques. »

★ TOP 5 ★
des trucs qui montrent que vous êtes né bordélique

1. Tout bébé déjà, vous jetiez vos jouets à l'autre bout de la pièce.
2. Quand quelqu'un s'excuse de son bazar, vous éclatez de rire.
3. Vous êtes bordélique partout : chez vous, au travail, chez les autres…
4. Quand, pour une raison ou une autre (la visite de votre mère, l'espoir d'un rendez-vous galant chez vous), vous décidez de ranger, vous finissez toujours par vous arrêter en plein milieu.
5. Vous résistez à tous les conseils et méthodes préconisés par les gourous du rangement.

raison 21

On fait des chasses aux trésors

« Si votre désordre ne menace pas votre santé, votre sécurité ou celles de ceux qui vous entourent, alors il n'y a pas de quoi en faire un drame » affirme le psychologue Emeric Languérand. Eh bien, chers amis bordéliques, osons aller plus loin et dire que c'est même la fête tous les jours à la maison !

Des défis ludiques

« Qui a vu mes lunettes ? » ; « Trois fraises Tagada® à celui qui retrouvera mes clés. » ; « Quelqu'un peut m'appeler sur mon téléphone portable pour que je sache où il est ? »... Votre vie quotidienne est pleine de challenges que vous êtes prêt à relever avec l'aide de vos supers assistants (vos enfants) qui, tapis dans l'ombre, n'attendent qu'un mot de vous pour passer à l'action et fouiller la maison de fond en comble.

Les secrets d'une bonne chasse au trésor !

1. Alternez les épreuves pour que les participants ne se lassent pas.

Facile, vous ne perdez jamais la même chose au même endroit !

2. Cachez bien votre « trésor », car plus il le sera, plus vos enfants seront heureux de le retrouver.

Pas d'inquiétude, vous avez un don inné pour ça.

3. Faites si possible des équipes pour stimuler leur esprit de compétition et les rendre plus efficaces.

Au besoin, embauchez les enfants des voisins.

4. Limitez la durée des recherches.

Pas le choix, car c'est toujours quand vous êtes en retard que vous ne retrouvez pas les objets dont vous avez absolument besoin, là, maintenant !

Idées de récompenses !

Quelques bonbons, un bijou fantaisie, un petit jeu, une bataille de polochons, un souper costumé, les pâtisseries préférées de vos enfants...

raison 22

Les instits nous adorent

Dans le carnet de correspondance…

Mot du 17 octobre

Chers parents,

Dans le cadre de notre projet *À la manière de Niki de Saint Phalle*, nous avons besoin de petits jouets (même incomplets et cassés) comme des personnages ou accessoires Playmobil® ou des cadeaux Kinder®. Merci d'avance.

Des jouets en pièces détachées ? Il n'y a qu'à se pencher pour en trouver à la maison ! Comme ça, ça fera de la place pour accumuler de nouveaux trésors.

Mot du 3 mars

Chers parents,

Pour la pièce de théâtre que nous aurons le plaisir de vous présenter en fin d'année, nous recherchons des vieux vêtements ou bouts de tissu ainsi que des anciens journaux. Merci de votre aide.

Là, franchement, vous avez de quoi remplir dix grands sacs poubelles. Chiche ?

Mot du 12 avril

Chers parents,

Nous sommes à la recherche de rouleaux de papier toilette pour le cadeau de la fête des pères.

Ça aussi, vous en avez des tonnes, mais votre petite voix intérieure vous conseille de ne pas les donner : un cadeau de fêtes des pères avec des rouleaux de papier toilette... Vraiment ?

À garder pour se faire bien voir

- Les **boutons** supplémentaires fournis sur les vêtements, un stock de lacets.
- Les **bijoux fantaisie** cassés ou démodés, les décos de Noël dont on s'est lassé, les vieilles assiettes...
- Les **sacs en plastique** et en papier, les magazines, le papier bulle ou les plaques de mousse, les chips en polystyrène, les serviettes en papier fantaisie, les rouleaux de Sopalin®, les cartons vides.
- Les **marrons** trouvés lors d'une balade en forêt, les **coquillages** ramassés sur la plage un été.

raison 23

On ne perd rien bêtement

Les bordéliques ne perdent rien bêtement, impulsivement, pris par une brusque envie de rangement. Ils gardent tout, précieusement, dans des endroits divers et variés très logiques pour eux !

Situation de type A

• Chez Mr & Mrs Perfect

« – Chéri, tu sais où sont les pieds du sommier qui étaient dans le garage ?
– Oui… à la déchetterie. Ça faisait dix ans qu'ils prenaient de la place pour rien ! »

• Chez vous

« – Chéri, tu sais où sont les pieds du sommier qui étaient dans le garage ?
– Hum, attends un instant que je réfléchisse… Je pense qu'il y en a deux sous l'évier et que les deux autres servent de serre-livres. »

À apprendre par ♥ !

Chez les bordéliques, bien des conflits sont évités, car, d'après une étude de 2006 faite pour Ikea®, les gens qui ont un système de rangement très élaboré se disputent trois fois plus par mois que ceux qui n'en ont pas.

(Source : The Joy of Being Disorganized, de Pam Young paru en 2013).

Situation de type B

• Chez Mr & Mrs Perfect

« – Chéri, tu as vu le taille-haie ?

– Oui, je l'ai donné au voisin qui en avait besoin, lui ! »

• Chez vous

« – Chéri, tu as vu le taille-haie ?

– Regarde sous le lit, derrière le tas d'affaires de Loulou quand il était petit. » (Précision de l'auteure : Loulou a aujourd'hui 25 ans.)

raison 24

On connaît ses limites

Le problème, quand on est bordélique, c'est qu'on promène une image de paresseux alors qu'on est juste conscient de ses limites, contrairement à d'autres !

Vous êtes lucide et de bonne foi

Vouloir que tout soit toujours net, rangé, c'est comme essayer de nager à contre-courant : c'est perdu d'avance car l'ordre engendre le désordre. Alors vous vous laissez porter par le flot de votre bazar et vous l'assumez.

Vous développez le potentiel des autres

En revanche, pour ne pas vous noyer, vous vous entourez (consciemment ou pas) de gens organisés à la maison et au travail pour pouvoir leur déléguer tout ce qui vous ennuie ou est au-dessus de vos compétences comme :

• **faire vos comptes** et, avant tout, trier vos dix millions de tickets de carte de crédit ;
• **classer vos photos** qui s'entassent dans votre ordinateur depuis 10 ans sous des noms plus biscornus les uns que les autres (21751318_10155417502978673_n/loulou-petit /scan_19853958.jpg) par dossiers clairement identifiés ;
• **s'occuper de vos papiers :** retrouver les lettres non ouvertes disséminées dans la maison, les ouvrir, les lire et les traiter ;
• **dégager tout ce qui traîne sur le canapé** pour pouvoir s'assoir dessus sans se blesser ;
• **vous rappeler une échéance** ou un rendez-vous urgent (et, si possible, pas une heure avant !).

Votre âme sœur : l'écrivain **George Perec** qui avoue, dans *Penser/Classer* :

> « À peine ai-je fini de mettre de l'ordre que cet ordre est déjà caduc. [...] Je m'arrête donc à des rangements provisoires et flous à peine plus efficaces que l'anarchie initiale ».

raison 25

On est tolérant

Depuis votre plus tendre enfance, vous tentez de survivre en territoire « étranger ». Vous savez donc mieux que personne à quel point il n'est pas toujours facile de se faire comprendre et respecter, que les regards et les réflexions critiques peuvent blesser.

Il faut de tout pour faire un monde !

• Vous savez que vous êtes différent des autres et que votre bordel peut vraiment déranger. Mais vous savez aussi que ce n'est pas pour ça que vous êtes moins bien que les autres... et inversement ! Chacun a ses défauts et ses qualités. C'est ça qui fait la **richesse** de la vie et de l'humanité.

• Conscient de vos petits travers, vous avez donc développé une **patience** et une tolérance à (quasiment) toutes épreuves pour les défauts des autres, notamment ceux qui sont à l'autre bout du spectre du rangement, dans la zone rouge des maniaques.

★ TOP 5 ★
des signes de votre bienveillance

1. Les TOC de votre conjoint(e) qui se lave trois fois les mains en rentrant le soir, trie les épingles à linge par taille et par couleur…

Ce que vous vous dites : « ça le rassure, lui, le grand angoissé de la vie. »

2. La relation passionnelle de votre colocataire avec son aspirateur.

Ce que vous vous dites : « ça le défoule » (et secrètement : « ça l'oblige à ranger mon bazar avant de le passer ! »).

3. L'incapacité de votre amie Eva à tout laisser en plan après une soirée…

Ce que vous vous dites : « je peux aller me coucher sans culpabiliser. Elle aime ranger. Ce serait dommage de la priver. »

4. Le besoin maladif de votre collègue de tout ranger et de tout classer au trombone près.

Ce que vous vous dites : « Pendant ce temps-là, il ne pense pas à se faire bien voir auprès du patron ! »

5. Le bordel de vos proches…

Ce que vous vous dites : « comparé au mien, c'est de la gnognotte ! »

raison 26

On est le roi de l'esquive

La vie n'est pas faite que de pâquerettes et de paillettes. Elle contient aussi de nombreux aléas compliqués auxquels on rêve tous d'échapper.

Quelques exemples (liste non exhaustive)

- **La conférence** sur les hannetons de votre vieil ami de fac qui se passionne tellement pour son sujet qu'il n'a plus de vie et (presque) plus d'amis.
- **Les chenilles** et autres danses du tapis au mariage de la cousine Clara.
- **L'homme** ou la femme sur qui vous avez flashé de loin, et qui s'avère avoir un humour douteux, un ego surdimensionné et le rire d'une hyène.
- **La mère** qui vous alpague à la sortie de l'école pour vous parler de ses mille et une réussites (et de celles de ses enfants).
- **La réunion de 19 heures** au club de judo, fixée au dernier moment.
- **Une invitation** dans un restaurant spécialisé en ris de veau et tripes alors que vous êtes végétarien.

Votre excuse en or pour vous échapper

À force de dégainer les fausses excuses des plus classiques aux plus folles (désolé, j'ai piscine ; mon hamster a une rage de dents ; mon fils vient de se coincer la langue dans une pince à linge), plus personne ne vous croit. Ce qu'il vous faut, c'est un argument de choc contre lequel personne n'osera jamais s'opposer :

DÉSOLÉ, JE DOIS RANGER CHEZ MOI !

Opération « sauve-qui-peut »

Soyez malin ! Si on vous impose une grande opération de nettoyage chez vous, dites :

« Oh, quel dommage. J'aurais vraiment aimé, mais je dois aller à la conférence sur les hannetons de mon copain de fac. Tu sais, celui qui est seul et dépressif. Je ne peux vraiment pas le laisser tomber ! »

raison 27

On va à l'essentiel

Les détails, ce n'est vraiment pas votre truc...

De ce fait, au lieu de perdre votre temps dans des broutilles, vous faites appel à l'hémisphère droit de votre cerveau qui, grâce à ses multiples qualités (voir la raison 37 pages 68-69) vous permet d'aller directement à l'essentiel, à savoir :

- **lancer les invitations pour le Nouvel an**, avant de vous demander comment et où vous allez l'organiser ;
- **réserver la location de vacances** dans un lieu qui vous plaît, sans passer des heures à le comparer à d'autres ou à lire les avis sur Internet ;
- **prendre rendez-vous** avec votre patron avant de trouver les arguments pour négocier une augmentation ou un changement de poste.

Vos armes secrètes

Votre fabuleuse intuition, votre incroyable capacité de raisonnement, votre esprit vif et rapide, votre pensée en arborescence, votre excellente mémoire, votre envie secrète d'épater tout le monde.

On est très équilibré

Chez vous, c'est doux, douillet, réconfortant, odorant, comme un doudou…

Chez vous… c'est ambiance cocooning, pas ambiance « hôpital » comme dans les intérieurs minimalistes.

Chez vous… il y a de la vie ! Rien n'est figé, aligné au cordeau, si parfait que c'en est froid et glaçant.

Chez vous… les objets racontent votre histoire : la boîte à bonbons que vous avez récupérée chez votre grand-mère, la vieille couverture dans laquelle vous vous loviez quand vous étiez petit, les dessins de vos enfants accrochés au petit bonheur la chance sur les murs, les cartes des restaurants que vous avez aimés dispersées çà et là, le pull préféré de votre père, les coussins en moumoute ramenés de Suède…

Grâce à votre bordel et vos grigris, vous êtes équilibré, heureux, épanoui, chez vous et en vous !

raison 29

On fait confiance à la vie

C'est le drame : vous venez de vous apercevoir que vous avez perdu l'un de vos biens les plus précieux.

Celui de la pire espèce, qui ne vaut que quelques euros, mais auquel vous tenez comme à la prunelle de vos yeux : le coupe-papier de votre grand-père, la bague de votre maman...
N'importe qui paniquerait, remuerait ciel et terre pour le trouver, mais vous, vous savez... Dans un jour, un mois, un an, il réapparaîtra dans un endroit incongru où jamais personne n'aurait eu l'idée d'aller chercher !

[Vous avez le droit de cocher toutes les cases.]

★ TOP 8 ★
des cachettes les plus dingues

- ☐ Le congélateur
- ☐ Une chaussette
- ☐ Un parterre de fleurs
- ☐ La gouttière
- ☐ La capuche d'un sweat
- ☐ La panière à linge sale
- ☐ La boîte aux lettres
- ☐ Le moteur de la voiture

On est optimiste

Transition on ne peut plus facile avec ce qui précède : on peut dire, sans courir de gros risques, que les bordéliques sont de grands optimistes.

Qu'est-ce qu'un optimiste ? C'est quelqu'un qui, par instinct ou par expérience, sait que **tout finit par s'arranger.** Il suffit de penser au nombre incalculable de fois où vous avez frôlé la catastrophe (comme ce jour où vous avez perdu le dossier Zordgest, juste avant l'arrivée des clients, ou « égaré » l'ordinateur contenant toutes vos photos depuis 2006) pour comprendre que vous êtes comme ça.

Les bienfaits de l'optimisme

- Il vous rend plus dynamique, plus impliqué, plus efficace (eh oui…), car vous croyez tellement à la réussite de vos projets, que vous faites tout pour y arriver.

- Il vous rend plus joyeux, plus détendu et beaucoup plus agréable à fréquenter que quelqu'un obnubilé par l'ordre !

raison 31

On s'intéresse à tout

Contrairement aux idées reçues, vous n'êtes pas un paresseux dépressif. Au contraire, vous débordez de curiosité et avez soif de nouvelles expériences et rencontres !

Ce que dit la science. Cette affirmation sort de la bouche aux dents parfaitement rangées d'un chercheur de l'université de Stanford, Chris Field, qui, en explorant la personnalité des bordéliques, a découvert qu'ils étaient « avides de connaissances ».

L'occasion fait le larron. Vous profitez ainsi d'avoir oublié de prendre votre maillot de bain en partant en vacances pour aller faire du shopping sur place, vous faire conseiller tel musée, tel restaurant, tel endroit à voir... Et, au lieu de passer votre samedi enfermé chez vous à faire du ménage, vous allez vous balader et papoter avec la première personne venue...

On a du temps pour soi

« J'aimerais tant faire du sport, mais je n'ai pas le temps ! »

« Tu arrives à lire un livre par semaine ? Veinard. Moi, c'est seulement pendant les vacances. Et encore... »

« Quoi, tu pars en week-end ? Moi, entre le ménage et les courses, je ne m'en sors pas ! »

« J'adorerais avoir le temps de jardiner comme toi. »

« Ah, la super expo au musée est déjà passée ? Mince, je l'ai loupée... Quelle chance tu as eu de la voir ! »

Que dire ?
Contentez-vous de lâcher un petit rire sadique et satisfait.

raison 33

On profite de la vie

On a tous en tête la fable de la cigale et de la fourmi, apprise sur les bancs de l'école. Et si la morale pouvait en cacher une autre ?

Ce que La Fontaine nous dit

Pendant que la fourmi faisait des provisions pour l'hiver, la cigale s'amusait comme une petite folle et elle « fut fort dépourvue quand la bise fut venue », au point qu'elle fut obligée de demander l'aumône à sa voisine qui, en bonne pingre, la lui refusa.

Ce qu'il ne nous dit pas

Deux jours plus tard, la fourmi s'est faite écrabouiller par le pied d'une sacrée chipie pendant que la cigale squattait chez des amis musiciens et fins gourmets ! **La morale de l'histoire** aurait alors été très différente et basée sur l'incapacité de la fourmi à s'amuser, à apprécier la musique, à se faire des amis… bref, à profiter de la vie !

Pour profiter de la vie, que nous disent les maîtres zen ?

Il faut vivre dans l'instant présent :

• savoir observer la course effrénée d'une fourmi dans l'herbe justement… au lieu de passer la tondeuse ;

• regarder le paysage défiler par la vitre du bus… au lieu de faire le tri dans vos e-mails ;

• regarder un bon film avec vos enfants en riant, ou en tremblant comme eux… au lieu de repasser le linge ou (pire !) de plier le linge sale à apporter au pressing le lendemain ;

• vous assoir à côté de la fenêtre avec un bon café et regarder la course des nuages dans le ciel… au lieu de traquer les moutons de poussière dans le moindre recoin.

Et aussi… se libérer du passé (sur lequel vous n'avez aucune emprise et qui, par définition, est révolu) et ne pas s'inquiéter du futur (qui n'est pas encore là).

raison 34

On a plein d'amis

Invitation à dîner chez Mr & Mrs Perfect
« Les Shlocks et les Ploums viennent manger à la maison samedi soir. Parfait. On va leur cuisiner des bruschettas à la mousse de petits pois en entrée, puis un rôti de veau farci aux champignons avec un méli-mélo de légumes d'antan, suivi de macarons à la rose, au pamplemousse et aux litchis. On a cinq jours pour se préparer. Il faut aussi qu'on pense à sortir la belle vaisselle de notre mariage et les coupes de champagne en cristal. Et puis aussi à racheter des bougies ! Et enfin, bien sûr, il faut que la maison soit impeccable ! »

Invitation à dîner chez vous
« Les Shlocks et les Ploums viennent manger à la maison samedi soir. On va faire à la bonne franquette : commander des pizzas à la dernière minute et leur demander d'apporter à boire. »

Quiz convivialité !

Chez qui, selon vous, les gens auront-ils moins de pression et se sentiront à l'aise ?

Chez vous ! Car chez vous, point de protocole et de concours de super chef. De ce fait, tout le monde est détendu, heureux d'être là sans s'inquiéter du match retour (« Mon Dieu, comment faire pour être à la hauteur ? ») ou avoir peur de salir et de casser quelque chose. Chez vous, l'important est de passer un moment **convivial ensemble**. Et tant pis s'il n'y a pas assez de sièges pour tout le monde : plus on est de fous, plus on rit. Vous pousserez ce qui traîne par terre pour faire de la place.

En bonus !

Pour vos amis : en voyant votre intérieur, ils n'auront plus honte de vous inviter chez eux.

Pour vous : quelqu'un aura peut-être pitié et rangera discrètement ci ou ça au passage... ou fera la vaisselle avant de partir !

raison 35

On est libre

S'affranchir des diktats, des normes, des règles et des règlements, de l'oppression d'un système verrouillé, asphyxiant, tellement culpabilisant qu'on ne s'y épanouit plus… Qui n'en a pas rêvé ?

Le secret : ne rien faire

Pas la peine de faire grève, de manifester ou de vous emparer de la Bastille un dimanche matin en allant faire votre marché, il vous suffit juste de ne rien faire et de ne surtout pas ranger, plier, classer, trier, jeter… Et si, en plus, vous l'assumez le sourire aux lèvres, votre vie deviendra miraculeusement plus joyeuse, plus légère, plus satisfaisante, car vous serez enfin en accord avec vous-même et avec l'univers (voir la raison 43 pages 78-79). Alors, cher ami bordélique, libérez-vous enfin de la tyrannie de l'ordre !

Votre âme sœur : **Jim Morrison**, le charismatique chanteur des Doors, qui se vantait de s'intéresser essentiellement à la révolte, au désordre, au chaos car, pour lui, c'était le chemin de la liberté.

Votre hymne à chanter sans modération !

(librement inspiré de *Il est libre Max*,
d'Hervé Cristiani)

On met du bordel, mine de rien, dans tout ce qu'on fait
On a le sourire facile, et on n'est pas stressés
On s'amuse bien, on ne s'épuise pas à ranger
On n'se laisse pas étourdir par les diktats d'la société
On vit la vie sans s'occuper des grognements
Que font autour de nous les apôtres du rangement

(Refrain) On est libre, Max, on est libre, Max !
Y'en a même qui disent qu'on le fait exprès

On travaille un p'tit peu, quand, notre corps est d'accord
Pour lui faut pas s'en faire, on sait doser notre effort
Chez Kondo et les autres, on n'joue pas les stars
Car à notre avis, elles ne racontent que des bobards

(Refrain) On est libre, Max, on est libre, Max !
Y'en a même qui disent que ça nous fait kiffer...

raison 36

On ne sera jamais un *serial killer*

En grand fan de séries policières ou de thrillers, vous savez que l'ordre extrême peut cacher un plus grand mal.

Démonstration…

Avez-vous vu la série *Dexter* ? Son personnage principal est tellement maniaque qu'il envisage un jour de tuer sa sœur qui squatte chez lui. La raison ? Elle jette ses vêtements par terre quand elle arrive, fonce vers le frigo qu'elle laisse grand ouvert, boit du lait à même la bouteille et la repose violemment en faisant gicler du lait sur la table. Sans parler des bouteilles de bière vides et des assiettes sales qui traînent partout.
Pour un homme toujours tiré à quatre épingles qui aligne méticuleusement ses couteaux et autres outils de découpage, prépare ses meurtres à l'avance dans les moindres détails et recouvre les murs et les meubles de bâches en plastique pour ne pas laisser de traces, c'est insupportable !

Certes, vous perdez parfois (souvent) le contrôle, mais c'est sur vos affaires, chez vous ou au travail, pas sur les gens !

★ TOP 10 ★
des raisons qui ne vous feront jamais basculer du côté obscur de la force

1. Il faut mettre en place un rituel, un « mode opératoire » et s'y tenir.
2. Il faut être rigoureux, méthodique, planificateur.
3. Il ne faut oublier aucun détail.
4. On ne peut rien déléguer.
5. Il faut se souvenir où on a planqué notre « costume » et nos « accessoires ».
6. Il faut avoir une hygiène irréprochable.
7. Il faut souvent faire la lessive.
8. Il faut tout nettoyer, au micron près.
9. Il faut se souvenir où on a planqué le corps.
10. Il faut se rappeler où on a caché notre boîte à « souvenirs ».

raison 37

On est créatif

Au fil de notre évolution, le cerveau s'est divisé en deux hémisphères quasiment semblables à l'œil nu, mais très différents dans leur mode de fonctionnement. Pour faire simple : le gauche est le centre du raisonnement, du langage et de la parole ; le droit est celui des émotions.

Ça tombe bien !

Quelle est la partie du cerveau la plus sollicitée chez un bordélique ? C'est le droit ! L'hémisphère droit fonctionne à plein régime et pense en arborescence. Ses sens sont aussi plus développés et peuvent parfois se mêler entre eux. Il ressent également les émotions plus intensément que l'hémisphère gauche, et arrive même à percevoir les émotions chez autrui. Enfin, il perçoit naturellement la musique alors que l'hémisphère gauche a besoin de l'analyser, la décortiquer. C'est ainsi que fonctionnait le cerveau de Mozart !

Vos âmes sœurs : Picasso, Basquiat, Keith Richards.

« Pas d'art sans désordre ! »

BEN, 1991

Pas de chance ! Si la science reconnaît les différences et l'interdépendance de nos « deux cerveaux », c'est encore rarement le cas dans la société (école, monde de l'entreprise...) qui continue à vanter les mérites de l'hémisphère gauche et nous oblige à raisonner, analyser, organiser et... ranger !

Autres signes qui montrent que vous avez une âme d'artiste :

- Vous pensez à un million de choses en même temps ;
- Vous avez plus de plaisir à aller au cinéma qu'à ranger votre maison ;
- Vous laissez la vaisselle en plan pour revoir *Eternal Sunshine of the Spotless Mind*, de Michel Gondry, pour la dixième fois

raison 38

On réinvente les objets

Le bordélique est maître dans l'art de transformer des objets et de leur attribuer d'autres fonctions que celles qu'on leur connaît !

Ceci n'est pas un sac à main

En théorie, rien de plus banal qu'un sac à main. **En pratique,** quand on ouvre celui de quelqu'un de bordélique, on y trouve les valeurs sûres (papiers, argent) mais aussi des objets qui réinventent sa fonction et le transforment :

- **en bureau** : cahier pour tout noter, stylos dont la moitié ne marche pas et l'autre fuit, cartes de visite, livret de famille, portable sans ses oreillettes, câble qui ne va sur aucun appareil...
- **en armoire à pharmacie** : arnica, pansements, comprimés pour ci et ça...
- **en armoire de toilette** : déodorant, peigne, miroir de poche, crème pour les mains...
- **en trousse de maquillage** : rouge à lèvres, blush, eye-liner...

À vous de créer !

Objet initial	Création artistique
Lit	Armoire horizontale Territoire du chat
Table basse	Salon de manucure Table à repasser
Poignées de porte	Accroche-sacs
Machine à laver	Panière à linge sale
Lampe	Tableau pense-bête

raison 39

On est super intuitif

Quand on a la notion du rangement d'un bébé de 18 mois et la mémoire d'une poule, il faut savoir développer d'autres facultés...

Observation et défi

C'est là qu'intervient de nouveau **l'hémisphère droit du cerveau**, qui a un excellent sens de l'observation et du détail. Donc, quand vous ne trouvez pas, il mouline et, allez savoir pourquoi, vous vous dirigez vers le réfrigérateur où, miracle, vous trouvez le reste de la monnaie que vous cherchiez. Si ce n'est pas de l'intuition ! Celle-ci est renforcée par le fait que vous adorez les défis, car ils vous obligent à **trouver des solutions** que les autres ne trouvent pas. De là à dire que c'est pour ça que vous perdez souvent vos affaires, il n'y a qu'un pas !

Ce que dit la science

L'intuition n'est pas le fruit de la fantaisie de l'ABR (Association des Bordéliques Réunis), mais a été très sérieusement confirmée par le test de personnalité Myers-Briggs, dans lequel les bordéliques coiffent tout le monde au poteau dans des domaines qui nécessitent d'avoir une « vision », bref de l'intuition. Et ça, c'est tout bénéfice ! Car l'intuition va au-delà de la raison : elle la précède, la complète et a permis de grandes décisions politiques et découvertes scientifiques !

Résultat d'une étude hautement scientifique menée in situ, dans mon bureau

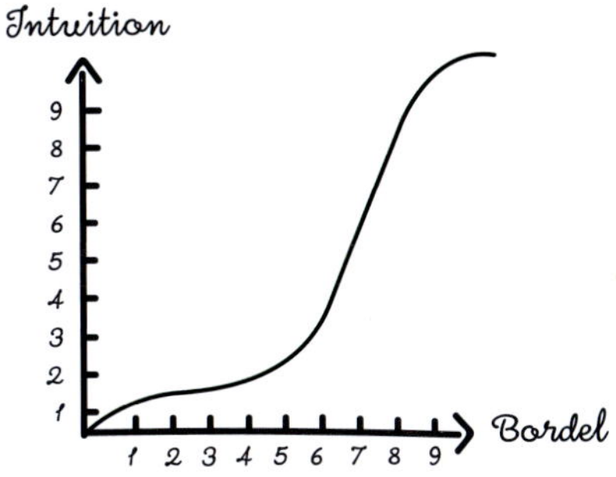

raison 40

On ose tout

Quand on est bordélique, il faut parfois savoir improviser, marcher hors des sentiers battus, se libérer des contraintes et des traditions et se moquer complètement de l'avis des autres !

★ TOP 6 ★
des plus grandes folies de bordéliques !

1. Faire un dessert de tagliatelles au chocolat… (avec de vraies pâtes, car impossible de mettre la main sur la recette découpée dans son magazine préféré).

2. Partir en chaussons le matin, car on ne retrouvait plus ses chaussures…

→ *Et alors ? Il y en a bien qui portent des claquettes de piscine en moumoute !*

3. Pour nous, les coquettes bordéliques, s'épiler les jambes à la pince à épiler, car nous ne retrouvons plus notre épilateur et que nous avons un rendez-vous galant une heure après.

4. Prendre des notes sur du papier toilette, à défaut d'avoir autre chose sous la main.

5. Se servir d'un sac plastique comme d'un sac à main.

6. Partir en vacances avec, pour seul bagage, un sachet de congélation contenant son portefeuille, son téléphone et son passeport... pour le reste, on verra sur place !

→ *C'est déjà une chance de les avoir trouvés !*

Et vous, qu'avez-vous déjà osé faire ?

....

....

....

....

....

....

....

raison 41

On embellit l'espace

Vous n'avez peut-être pas un bac + 5 en beaux-arts, mais côté déco, vous vous posez là.

En effet, vous avez les prérequis pour transformer un vulgaire petit deux pièces en un temple d'art moderne :

Créativité + Forte tendance à accumuler + Paresse aiguë

Tout est permis et vous ne vous gênez pas pour y mêler la culture :

• Non chéri, ce ne sont pas de vulgaires piles de livres…

… c'est un hommage aux colonnes de Buren.

• Si tu avais un brin de culture, tu saurais que…

… ce pain posé en équilibre sur cette statuette est typique du style de Dali.

• Quant à ces vêtements suspendus un peu partout…

… c'est un clin d'œil aux sculptures en papier de Peter Gentenaar (un artiste hollandais !)

On exprime sa personnalité

Le bordel règne aussi souvent à l'intérieur de vous avec une énergie qui vous donne des ailes et vous rend audacieux.

Vos activités incroyables

Vous faites des activités originales, comme le chant lyrique, la calligraphie ou la dégustation de vin. Vous pratiquez des sports peu communs comme le yoga hip-hop, le hula hoop ou la chute libre en salle.

Vous faites la mode et l'art

Vous pouvez aussi vous exprimer à travers votre look, en transcendant les modes ou en osant les mélanges les plus improbables (avec ce que vous trouvez le matin) ou encore à travers l'écriture, le dessin, la peinture, la musique, le théâtre...

Votre âme sœur : **André Manoukian** qui a avoué à *Psychologies Magazine* (juillet 2017) qu'il « parle pour structurer son bordel intérieur ».

raison 43

On est en phase avec l'univers

Partout, c'est le chaos. Rien n'est fixe, rien n'est prédéterminé, rien n'est ordonné…

Dans l'univers

Un big bang qui a envoyé tout balader partout ; un univers en pleine expansion ; des étoiles qui apparaissent et disparaissent ; des planètes qui s'écartent les unes des autres ; un soleil en perpétuelle fusion… S'il y a un **créateur** derrière tout ça, on peut dire que ce n'est pas le roi du calme et de la discipline !

Plus près de nous, sur Terre

Le cycle des saisons ; les feuilles des arbres qui poussent, rougissent, tombent (pas en piles bien nettes !) et réapparaissent l'année suivante ; la neige qui fond au soleil ; la brise qui devient tempête, puis ouragan… Sans parler des dérèglements dont nous sommes directement responsables : le réchauffement climatique, la crise économique, le choc des religions et des civilisations… Si on est sûr d'une chose, dans ce monde incertain, complexe et toujours plus fou, c'est qu'**on n'est sûr de rien**.

Vous êtes de la bonne espèce !

Dans l'univers tel qu'il existe et le monde tel qu'il est, pour survivre, il faut sans cesse apprendre de nouvelles choses, s'adapter, trouver de nouvelles idées, appliquer de nouvelles méthodes, innover. Et surtout, il ne faut pas avoir peur de remettre en question les règles et les normes. Autant de qualités qui nécessitent d'avoir l'hémisphère droit du cerveau bien développé (voir encore et toujours la raison 37 pages 68-69). **Ça tombe bien, c'est tout vous !**

À apprendre par ♥ !

« L'avenir appartient "aux cerveaux droits" ».

DANIEL PINK, *L'HOMME AUX DEUX CERVEAUX*, ÉDITIONS ROBERT LAFFONT, 2007.

raison 44

On protège la faune locale

Chez vous, c'est un véritable écosystème !

Ce qu'on y trouve

Des ravins, des vallées, des grottes, de multiples cachettes avec, en sus, tout ce qu'il faut pour subsister : reste de sauce Bolognaise au fond d'une casserole, miettes sur la planche à pain, grains de sucre tombés par terre (et jamais ramassés), restes de chocolat de Pâques oubliés dans un tiroir depuis des mois, chips coincées entre les coussins du canapé, sans parler des paquets de ci ou de ça ouverts dans le placard lui-même jamais fermé...

Gardien de la nature

C'est un **véritable sanctuaire pour petites bêtes mal aimées** : araignées, cafards, cloportes, mouches (normales, bleues ou à fruits), mites, fourmis, souris... Mais aussi d'autres bestioles, aux noms plus poétiques : bruches du haricot, poissons d'argent, punaises des bois...

Et c'est ce qu'on voit à l'œil nu ! En effet, avec un **microscope** surpuissant, on découvrirait un monde parallèle plein de créatures dignes des rêves les plus fous de Luc Besson : les acariens. Nichés dans nos oreillers, nos draps, nos serviettes de toilette mouillées, ils sont des millions à cohabiter avec nous dans la joie et la bonne humeur !

Fiche d'observation des bestioles en tous genres

Nom	Date et lieu d'observation
....	....
....	....
....	....
....	....
....	....
....	....
....	....

raison 45

On pollue moins

Réduire son impact environnemental… Un défi que les bordéliques relèvent avec brio !

Habitudes du commun des Français

D'après le site *encyclo-ecolo.com*, une famille française consomme par an en moyenne :

- **3 à 4 litres** de liquide vaisselle ;
- **10 à 20 litres** de produits ménagers ;
- **26 litres** de lessive liquide ou **40 kg** de lessive en poudre (soit 220 lessives).

Tout ça vient gonfler les rivières après un petit passage dans les stations d'épuration, ce que notre chère Terre n'apprécie pas !

Selon le site *futura-sciences.com*, un Français consomme **148 litres d'eau** par an et par habitant, contre 15 à 20 litres à la fin du XVIIIe siècle ! Cette différence astronomique permet de comprendre pourquoi il existe aujourd'hui une véritable crise de l'eau dans certaines régions du monde. Heureusement, vous êtes là pour rééquilibrer un peu les choses !

Vos écogestes pour la planète

• Les lessives. Quand on y pense, 220 lessives par an, c'est considérable, même pour une famille de quatre ! Ramené à votre petite échelle, cela représente 25 ou 30 % de plus, et encore... Si vous avez des enfants ! Ce qui veut dire que seul et bien motivé (c'est-à-dire en faisant le moins de lessives possible), vous pouvez diviser ce chiffre par deux ou trois.

• La vaisselle. Votre rythme est beaucoup moins soutenu qu'une fée du logis standard. Vous, vous faites la vaisselle tous les combien... deux à trois fois par semaine ?

• Le ménage. Vous vous esclaffez ! 10 à 20 litres de nettoyants ménagers par an, mais comment font-ils ? Vous, vous avez fait durer un bidon d'eau de Javel plus d'un an. Quant au produit pour les vitres, vous n'êtes pas sûr d'en avoir déjà acheté. Bref, en matière d'économie de nettoyants ménagers, vous êtes champion.

raison 46

On lutte contre la consommation de masse

On connaît tous un M. ou une Mme Gadget qui traque les dernières inventions pour classer, ranger, organiser ses objets. « Tu as vu mon nouveau porte-couvercles ? Il est beau, hein ? Je suis très content de l'avoir acheté. » À chacun ses plaisirs...

De votre côté, vous aimez particulièrement penser à tout ce que les campagnes marketing les plus élaborées **ne vous feront jamais acheter** : un porte-moules à gâteaux, un casier à bouteilles, un distributeur de film alimentaire, un porte-balais... Bref, tout ce que la société de consommation nous propose. Quand on fait le compte de tout ça, le montant grimpe vite !

La seule concession que vous êtes prêt à faire :
un porte-clés qui répond quand on l'appelle pour retrouver votre satané trousseau !

Les dépenses à ne pas prévoir

Entrée	1 porte-manteau 1 meuble à chaussures	25 100
Chambre	16 cintres 5 housses de rangement sous vide Des organisateurs de tiroirs Des séparateurs de piles de vêtements 1 boîte à bijoux 1 patère pour cravates et ceintures	10 50 50 40 25 10
Salle de bain	Des petits pots de rangement 1 armoire à pharmacie	40 30
Cuisine	1 présentoir à épices 1 série de bocaux alimentaires 2 étagères de placard 1 range-couverts	15 30 30 20
Total en euros		475

Soit une petite escapade en week-end au dernier moment !

raison 47

On soutient l'économie locale

Relancer l'économie : les hommes politiques en rêvent. Vous, vous agissez !

Plein emploi

• Mauvaise surprise en ouvrant le **réfrigérateur** au moment de passer à table. Il est certes rempli à ras bord, mais de choses bizarres : crème fraîche recouverte d'un petit duvet bleuté, tomates qui explosent dans la main, fromage si vieux que l'odeur guérirait les rhumes, salade ramollo…

• Et dans les **placards**, ce n'est pas mieux : cinq *penne rigate* qui se battent entre elles dans un vieux paquet, un reste de riz dont certains grains frétillent (voir la raison 44 pages 80-81), tube de sauce tomate séchée… Bref c'est la bérézina. Et quand c'est la bérézina, on se fait livrer **une pizza ou un plat chinois !**

= 1 emploi sauvé !

• Pour le **ménage**, quand trop, c'est trop (car vous avez tout de même un seuil de tolérance élevé mais non infini), vous préférez déléguer que de rester là, à vous demander par où commencer, épuisé d'avance devant l'ampleur de la tâche. Alors, vous appelez une association locale d'aide aux particuliers pour qu'elle vous envoie quelqu'un.
= 1 emploi sauvé !

Commerces florissants

• Pendant que, telle une bonne fée, la personne appelée transforme votre taudis en château, vous allez refaire le **plein de courses** pour remplir votre réfrigérateur !
= 1 commerce de proximité sauvé !

• Vous en profitez pour **acheter au passage** : une écharpe (parce que vous n'arrivez plus à mettre la main sur la vôtre), des chaussettes (car tout votre stock est sale)... et un bouquet de fleurs pour votre mère adorée.
= 3 commerces de proximité sauvés !

raison 48

On est généreux

Lors de votre grand ménage annuel, vous voyez ressurgir des tas d'objets perdus ou oubliés...

Démonstration

- **Une paire de bottines** portée deux fois (vous saviez pourtant que vous ne pouviez pas tenir sur des talons de 12 cm !).
- **Le porte-clés siffleur** que vous avez fini par acheter (voir la raison 46 page 85) mais que vous avez déjà perdu.
- **Le même pantalon** acheté en plusieurs exemplaires et dans la même couleur parce qu'il vous allait si bien (vous ne portez finalement que du noir).
- **La paire de baskets** achetée en solde à l'avance pour votre fiston et qu'il n'a jamais voulu mettre parce qu'elle s'est démodée en 6 mois.
- **Les souvenirs de vacances** : le véritable chapeau australien qui, hors contexte, est complètement ridicule ; les confitures si exotiques que vous n'en avez mangé qu'une.

Sésame, ouvre-toi

Chez vous, c'est la caverne d'Ali Baba. Alors, sur une impulsion, vous bradez et donnez à qui mieux mieux, trop heureux de recréer de la place pour votre bazar et de faire plaisir.

Les objets les plus fous que vous avez accumulés

(et réussi à donner !) :

- Votre K-way imitation « peau de grenouille »
- ....
- ....
- ....
- ....

Ceux que vous ne donnerez jamais, à moins qu'on vous coupe en petits morceaux :

- Votre collection de figurines en verre pailleté
- ....
- ....
- ....
- ....

raison 49

On est très efficace

Vous ne voyez plus la couleur de votre bureau tant il y a du bazar dessus !

Étendue de la situation

Dossiers en piles vacillantes ou laissés grands ouverts depuis longtemps, bouts de papier divers glissés sous le clavier de l'ordinateur, boîtes variées contenant tout sauf ce dont on a besoin, mouchoirs en papier évadés de leur étui, **grigris personnels** : cœurs en pâte à modeler fabriqués par votre fille, pierres de tourmaline pour se protéger du wi-fi (on ne sait jamais, ça marche peut-être…), tout ça saupoudré de trombones, de Post-it qui ne collent plus et des miettes de votre dernier repas. Par pudeur, nous n'ouvrirons pas les tiroirs !

À apprendre par ♥ !

« Il vaut mieux avancer dans la pagaille que piétiner dans l'ordre. »

CLAUDE FITOUSSI

★ TOP 6 ★

des trucs les plus bizarres qui traînent sur votre bureau

1. ....
2. ....
3. ....
4. ....
5. ....
6. ....

Et pourtant...

Quand votre patron vient vous demander une information ou un document, vous les trouvez en deux temps trois mouvements, alors que votre collègue, qui a passé des heures à classer ses documents, a poussé le concept de tri si loin qu'il ne se souvient plus des critères qu'il a appliqués. Ce petit miracle tient notamment à votre intuition (voir la raison 39 pages 72-73) et vos sens exceptionnels (voir la raison 4 page 14). Autre explication : en bon bordélique, vous laissez généralement les documents importants **en haut des piles**, à portée de main, lorsque le reste, pas important, gît en dessous.

raison 50

On est l'avenir des entreprises

Procédures, hiérarchie, discipline... Sans un minimum d'organisation, une entreprise ne peut pas fonctionner.

Esprit d'initiative et force de proposition

Le problème c'est que tout ça finit par la bloquer, la paralyser avec des gens formatés et parfaitement contrôlés. Résultat, ils s'étiolent et s'ennuient, quand ils ne se s'épuisent pas à la tâche avec l'augmentation de la cadence imposée par la mondialisation. Les DRH les plus avisés savent que pour l'éviter, il faut miser sur la transparence, la coopération, l'initiative et la créativité.
C'est là qu'interviennent les **JBR (Joyeux Bordéliques Réunis)** dont vous faites partie ! Grâce au désordre qui règne dans votre tête et sur votre bureau, vous créez la porosité recherchée et vous aidez votre entreprise à gagner **en souplesse, en réactivité, en échanges... !**

Bon sens du relationnel

Grâce à votre bazar, vous créez du lien ! Par exemple, vous avez plus vite fait d'aller directement poser une question à un collègue que de fouiller dans vos e-mails pour retrouver le message qu'il vous avait envoyé (et tous ceux qui s'y rattachaient).

Conclusion

Plus de performance, plus de lien... Ça vaut bien la médaille du travail, non ?

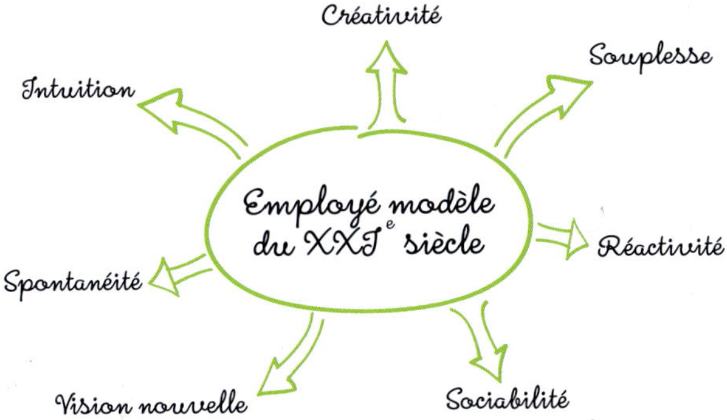